AF194709

Impressum
Verlag: BABADADA GmbH, Nedderfeld 112 , 22529 Hamburg
Geschäftsführer / Verlagsleitung: Harald Hof
Druck: Books on Demand GmbH, In de Tarpen 42, 22848 Norderstedt

Imprint
Publisher: BABADADA GmbH, Nedderfeld 112 , 22529 Hamburg, Germany
Managing Director / Publishing direction: Harald Hof
Print: Books on Demand GmbH, In de Tarpen 42, 22848 Norderstedt

chu
divide

186/2

hei ban
board

jiao shi
classroom

xiao yuan
school yard

lao shi
teacher

zhi
paper

shu xie
write

gang bi
pen

ban gong zhuo
desk

zhi chi
ruler

shu
book

xue sheng
pupil

shu bao

satchel

qian bi he

pencil case

qian bi

pencil

juan bi dao

pencil sharpener

xiang pi ca

rubber

hua ban

drawing pad

tu hua

drawing

hua bi

paintbrush

yan liao he

paint box

jian dao

scissors

jiao shui

glue

lian xi ce

exercise book

jia ting zuo ye

homework

shu zi

number

2+2

jia

add

5-2

jian

subtract

2×2

cheng

multiply

ji suan

calculate

A

zi mu

letter

ABCDEFG
HIJKLMN
OPQRSTU
VWXYZ

zi mu biao

alphabet

zi

word

ke wen

text

du

read

fen bi

chalk

shang ke

lesson

deng ji

register

kao shi

exam

zheng shu

certificate

xiao fu

school uniform

jiao yu

education

bai ke quan shu

encyclopedia

da xue

university

xian wei jing

microscope

di tu

map

fei zhi kuang

waste-paper basket

jiu dian
hotel

Grand

qing nian lü xing she
hostel

wai bi dui huan chu
bureau de change

shou ti xiang
suitcase

qi che
car

yu yan
language

shi/fou
yes / no

hao de
Okay

nin hao
hello

fan yi yuan
translator

xie xie
Thank you

......duo shao qian?

how much is...?

wo bu ming bai

I do not understand

wen ti

problem

wan shang hao!

Good evening!

zao shang hao!

Good morning!

wan an!

Good night!

zai jian

bye bye

fang xiang

direction

xing li

luggage

bao

bag

shuang jian bao

backpack

ke ren

guest

fang jian

room

shui dai

sleeping bag

zhang peng

tent

lü xing - travel

lü you xin xi

tourist information

hai tan

beach

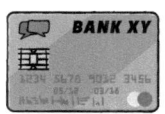

xin yong ka

credit card

zao can

breakfast

wu can

lunch

wan can

dinner

piao

ticket

dian ti

lift

you piao

stamp

bian jie

border

hai guan

customs

da shi guan

embassy

qian zheng

visa

hu zhao

passport

fei ji
aeroplane

chuan
ship

xiao fang che
fire engine

gong jiao che
bus

ka che
truck

qi ting
motorboat

zi xing che
bike

qi che
car

bai du chuan

ferry

xiao chuan

boat

mo tuo che

motorbike

jing che

police car

sai che

racing car

zu che

rental car

pin che

car sharing

tuo che

breakdown truck

la ji che

refuse truck

fa dong ji

motor

qi you

fuel

jia you zhan

petrol station

jiao tong biao zhi

traffic sign

jiao tong

traffic

jiao tong du sai

traffic jam

ting che chang

car park

huo che zhan

train station

gui dao

tracks

huo che

train

dian che

tram

huo che

carriage

zhi sheng ji

helicopter

ji chang

airport

ta

tower

cheng ke

passenger

ji zhuang xiang

container

zhi ban xiang

carton

shou tui che

cart

lan zi

basket

qi fei/jiang luo

take off / land

cheng shi

city

cun zhuang

village

shi zhong xin

city centre

fang zi

house

dian ying yuan
cinema

guang gao
advert

lu deng
street lamp

jie dao
street

chu zu che
taxi

xiao chi dian
snack shop

xing ren
pedestrian

ren xing dao
pavement

ban ma xian
zebra crossing

la ji xiang
bin

shi zi lu kou
crossing

hong lü deng
traffic lights

xiao wu

hut

gong yu

flat

huo che zhan

train station

shi zheng ting

town hall

bo wu guan

museum

xue xiao

school

cheng shi - city

da xue

university

yin hang

bank

yi yuan

hospital

jiu dian

hotel

yao fang

pharmacy

ban gong shi

office

shu dian

book shop

shang dian

shop

hua dian

florist's

chao shi

supermarket

shi chang

market

bai huo shang dian

department store

yu dian

fishmonger's

gou wu zhong xin

shopping centre

hai gang

harbour

gong yuan

park

chang deng

bench

qiao

bridge

lou ti

stairs

d. tie

underground

sui dao

tunnel

gong jiao che zhan

bus stop

jiu ba

bar

can guan

restaurant

you tong

postbox

lu biao

street sign

ting che ji shi qi

parking meter

dong wu yuan

zoo

you yong guan

swimming pool

qing zhen si

mosque

nong chang

farm

wu ran

pollution

mu di

graveyard

jiao tang

church

cao chang

playground

si miao

temple

di xing

landscape

shu ye
leaf

zhi shi pai
signpost

lu
way

cao di
meadow

shi tou
stone

shu
tree

tu bu lü xing zhe
hiker

he
river

cao
grass

hua
flower

xia gu

valley

shan

hill

hu

lake

sen lin

forest

sha mo

desert

huo shan

volcano

cheng bao

castle

cai hong

rainbow

mo gu

mushroom

zong lü shu

palm tree

wen zi

mosquito

cang ying

fly

ma yi

ant

mi feng

bee

zhi zhu

spider

jia chong

beetle

qing wa

frog

song shu

squirrel

ci wei

hedgehog

ye tu

hare

mao tou ying

owl

niao

bird

tian e

swan

ye zhu

boar

lu

deer

mi lu

moose

shui ba

dam

feng li fa dian ji

wind turbine

tai yang neng dian chi ban

solar panel

qi hou

climate

di xing - landscape

fu wu yuan
waiter

cai dan
menu

yi zi
chair

tang
soup

pi sa bing
pizza

can ju
cutlery

zhuo bu
tablecloth

qian cai

starter

zhu cai

main course

tian dian

dessert

yin liao

drinks

shi wu

food

ping zi

bottle

kuai can

fast food

jie bian xiao chi

street food

cha hu

teapot

tang he

sugar bowl

yi fen fan cai

portion

yi shi ka fei ji

espresso machine

gao jiao yi

high chair

zhang dan

bill

tuo pan

tray

dao

knife

can cha

fork

shao zi

spoon

cha chi

teaspoon

can jin

serviette

bo li bei

glass

die zi

plate

tang pan

soup plate

die zi

saucer

jiang

sauce

yan ping

salt pot

hu jiao mo

pepper mill

cu

vinegar

shi yong you

oil

tiao wei liao

spices

fan qie jiang

ketchup

jie mo

mustard

dan huang jiang

mayonnaise

te jia
special offer

gu ke
customer

ru zhi pin
dairy

FOR

shui guo
fruit

gou wu che
trolley

rou pu

butcher's

mian bao fang

cheng zhong

weigh

baker's

shu cai

vegetables

rou

meat

leng dong shi pin

frozen food

leng pan

cold meat

guan tou shi pin

tinred food

xi yi fen

washing powder

tian shi

sweets

ri yong pin

household products

qing jie yong pin

cleaning products

xiao shou yuan

salesperson

shou yin ji

till

shou yin yuan

cashier

gou wu qing dan

shopping list

kai fang shi jian

openirg hours

qian bao

wallet

xin yong ka

credit card

dai zi

bag

su liao dai

plastic bag

shui

water

guo zhi

juice

niu nai

milk

ke le

coke

hong jiu

wine

pi jiu

beer

jiu

alcohol

ke ke

cocoa

cha

tea

ka fei

coffee

yi shi nong suo ka fei

espresso

ka bu qi nuo

cappuccino

xiang jiao

banana

ping guo

apple

cheng zi

orange

xi gua

melon

ning meng

lemon

hu luo bo

carrot

da suan

garlic

zhu zi

bamboo

yang cong

onion

mo gu

mushroom

jian guo

nuts

mian tiao

noodles

yi da li mian tiao

spaghetti

mi fan

rice

sha la

salad

shu tiao

chips

zha tu dou

fried potatoes

pi sa bing

pizza

han bao bao

hamburger

san ming zhi

sandwich

zha zhu pai

cutlet

huo tui

ham

sa la mi

salami

xiang chang

sausage

ji rou

chicken

kao rou

roast

yu

fish

yan mai pian

porridge oats

mu zi li

muesli

yu mi pian

cornflakes

mian fen

flour

yang jiao mian bao

croissant

mian bao juan

bread roll

mian bao

bread

kao mian bao

toast

bing gan

biscuits

huang you

butter

ning ru

curd

dan gao

cake

dan

egg

jian dan

fried egg

nai lao

cheese

shi wu - food

bing ji lin

ice cream

tang

sugar

feng mi

honey

guo jiang

jam

qiao ke li jiang

chocolate spread

ga li fan

curry

shi wu - food

nong she
farmhouse

dao cao kun
straw bale

liang cang
barn

tian ye
field

ma
horse

tuo che
trailer

ma ju
foal

tuo la ji
tractor

lü
donkey

gao yang
lamb

yang
sheep

shan yang

goat

nai niu

cɔw

niu du

calf

zhu

pig

xiao zhu

piglet

gong niu

bull

e

goose

ya

duck

xiao ji

chick

mu ji

hen

gong ji

cock

shu

rat

mao

cat

lao shu

mouse

niu

ox

gou

dog

gou wu

doghouse

hua yuan jiao shui ruan guan

garden hose

sa shui hu

watering can

chang bing da lian dao

scythe

li

plough

lian dao

sickle

chu tou

hoe

chang bing cao pa

pitchfork

fu tou

axe

du lun shou tui che

wheelbarrow

si liao cao

trough

niu nai guan

milk can

ma bu dai

sack

zha lan

fence

ma jiu

stable

wen shi

greenhouse

tu rang

soil

zhong zi

seed

fei liao

fertilizer

lian he shou ge ji

combine harvester

shou ge

harvest

shou ge

harvest

shan yao

yams

xiao mai

wheat

da dou

soy

tu dou

potato

yu mi

corn

you cai zi

rapeseed

guo shu

fruit tree

shu shu

cassava

gu wu

cereals

yan cong
chimney

wu ding
roof

luo shui guan
drainpipe

chuang hu
window

che ku
garage

men ling
doorbell

men
door

la ji tong
rubbish bin

xin xiang
letterbox

hua yuan
garden

ke ting

living room

yu shi

bathroom

chu fang

kitchen

wo shi

bedroom

er tong fang

child's room

can ting

dining room

di ban

floor

qiang bi

wall

diao ding

ceiling

di jiao

cellar

sang na

sauna

yang tai

balcony

lu tai

terrace

you yong chi

pool

ge cao ji

lawn mower

bei dan

sheet

chuang zhao

bedspread

chuang

bed

sao zhou

broom

shui tong

bucket

kai guan

switch

bi zhi
wallpaper

zhao pian
picture

tai deng
lamp

ge jia
shelf

chu gui
cupboard

dian shi ji
television

bi lu
fireplace

hua
flower

dian zi
cushion

sha fa
sofa

hua ping
vase

yao kong qi
remote control

di tan

carpet

chuang lian

curtain

can zhuo

table

yi zi

chair

yao yi

rocking chair

fu shou yi

armchair

shu

book

tan zi

blanket

zhuang shi pin

decoration

mu chai

firewood

dian ying

film

gao bao zhen yin xiang

hi-fi equipment

yao shi

key

bao zhi

newspaper

you hua

painting

hai bao

poster

shou yin ji

radio

bi ji ben

notepad

xi chen qi

hoover

xian ren zhang

cactus

la zhu

candle

bing xiang
fridge

wei bo lu
microwave oven

chu fang cheng
kitchen scales

kao mian bao ji
toaster

xi jie jing
detergent

kao xiang
oven

bing gui
freezer

la ji tong
rubbish bin

xi wan ji
dishwasher

chui ju

cooker

guo

pot

zhu tie guo

cast-iron pot

sha guo

wok / kadai

ping di guo

pan

shui hu

kettle

zheng guo

steamer

kao pan

baking tray

tao ci guo

crockery

ma ke bei

mug

wan

bowl

kuai zi

chopsticks

chang bing shao

ladle

chan zi

spatula

jiao ban qi

whisk

lü wang

strainer

shai zi

sieve

mo sui ji

grater

yan bo

mortar

shao kao

barbecue

ming huo

open fire

cai ban

chopping board

gan mian zhang

rolling pin

kai ping qi

corkscrew

guan zi

can

kai ping qi

can opener

ge re shou tao

pot holder

shui cao

sink

shua zi

brush

hai mian

sponge

jiao ban ji

blender

leng cang xiang

deep freezer

nai ping

baby bottle

shui long tou

tap

chu fang - kitchen

gong nuan she bei
heating

lin yu
shower

mao jin
towel

yu lian
shower curtain

pao mo yu
bubble bath

yu gang
bathtub

bo li bei
glass

xi yi ji
washing machine

shui long tou
tap

ci zhuan
tiles

bian hu
potty

shui cao
sink

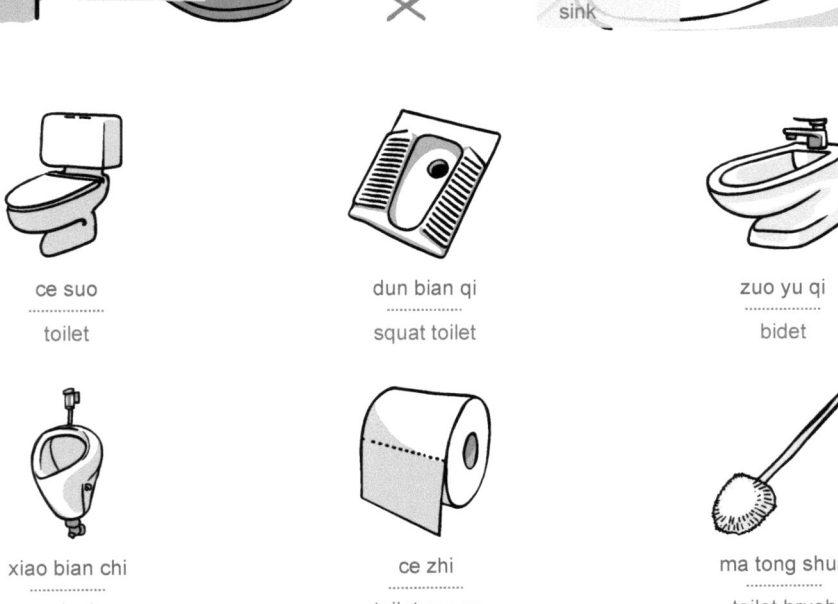

ce suo	dun bian qi	zuo yu qi
toilet	squat toilet	bidet
xiao bian chi	ce zhi	ma tong shua
urinal	toilet paper	toilet brush

ya shua

toothbrush

ya gao

toothpaste

ya xian

dental floss

xi

wash

shou chi shi pen lin tou

handheld shower

chong xi qi

douche

xi lian pen

basin

ca bei shua

back brush

fei zao

soap

mu yu lu

shower gel

xi fa shui

shampoo

fa lan rong

flannel

pai shui

drain

ru shuang

cream

chu chou ji

deodorant

jing zi

mirror

shou jing

hand mirror

ti xu dao

razor

ti xu pao mo

shaving foam

xu hou shui

aftershave

shu zi

comb

shua zi

brush

chui feng ji

hair dryer

pen fa ding xing ji

hairspray

hua zhuang pin

makeup

chun gao

lipstick

zhi jia you

nail varnish

hua zhuang mian

cotton wool

zhi jia jian

nail scissors

xiang shui

perfume

xi shu bao

washbag

deng zi

stool

ji zhong cheng

weighing scale

yu pao

bathrobe

xiang jiao shou tao

rubber gloves

wei sheng mian tiao

tampon

wei sheng jin

sanitary towel

hua xue ce suo

chemical toilet

nao zhong
alarm clock

mao rong wan ju
cuddly toy

wan ju che
toy car

bo lang gu
rattle

wan ju wu
doll's house

li wu
present

qi qiu
balloon

chuang
bed

(yang wa wa yong)ying er che
pram

pu ke pai
deck of cards

pin tu
jigsaw

man hua
comic

le gao ji mu

lego bricks

ji mu wan ju

building blocks

wan ju ren

action figure

ying er fu

babygrow

fei pan

frisbee

chuang ling wan ju

mobile

qi pan you xi

board game

shai zi

dice

huo che mo xing

model train set

an fu nai zui

dummy

ju hui

party

hui ben

picture book

qiu

ball

yang wa wa

doll

wan

play

er tong fang - child's room

sha keng

sandpit

qiu qian

swing

wan ju

toys

you xi ji

video game console

san lun che

tricycle

tai di xiong

teddy bear

yi chu

wardrobe

yi fu
clothing

wa zi

socks

chang wa

stockings

jin shen ku

tights

wei jin
scarf

yu san
umbrella

T xu
t-shirt

pi dai
belt

xue zi
boots

tuo xie
slippers

yun dong xie
trainers

liang xie
....
sandals

xie
....
shoes

yu xue
....
rubber boots

nei ku
....
underpants

xiong zhao
....
bra

bei xin
....
vest

shen ti

body

ku zi

trousers

niu zai ku

jeans

duan qun

skirt

nü shi chen shan

blouse

chen shan

shirt

tao tou shan

pullover

wei yi

hoodie

xi zhuang jia ke

blazer

jia ke

jacket

wai tao

coat

yu yi

raincoat

tao zhuang

costume

lian yi qun

dress

hun sha

wedding dress

xi zhuang

suit

shui pao

nightgown

shui yi

pyjamas

sha li

sari

tou jin

headscarf

bao tou jin

turban

bo ka

burqa

ka fu tan

kaftan

(a la bo shi)chang pao

abaya

yong yi

swimsuit

nan shi yong ku

trunks

duan ku

shorts

yun dong fu

tracksuit

wei qun

apron

shou tao

gloves

yi fu - clothing

niu kou

button

yan jing

glasses

shou lian

bracelet

xiang lian

necklace

jie zhi

ring

er huan

earring

bian mao

cap

yi jia

coat hanger

mao zi

hat

ling dai

tie

la lian

zip

tou kui

helmet

bei dai

braces

xiao fu

school uniform

zhi fu

uniform

yi fu - clothing

wei dou

bib

an fu nai zui

dummy

niao bu shi

nappy

fu wu qi
server

wen jian gui
filing cabinet

zhi
paper

da yin ji
printer

xian shi ping
monitor

ban gong zhuo
desk

shu biao
mouse

wen jian jia
folder

jian pan
keyboard

fei zhi kuang
waste-paper basket

dian nao
computer

yi zi
chair

ka fei bei

coffee mug

ji suan qi

calculator

yin te wang

internet

bi ji ben dian nao

laptop

xin jian

letter

xiao xi

message

shou ji

mobile

wang luo

network

fu yin ji

photocopier

ruan jian

software

dian hua

telephone

cha zuo

plug socket

chuan zhen ji

fax machine

biao ge

form

wen jian

document

mai

buy

fu qian

pay

jiao yi

trade

xian jin

money

mei yuan

dollar

ou yuan

euro

ri yuan

yen

lu bu

rouble

rui shi fa lang

Swiss franc

ren min bi

renminbi yuan

lu bi

rupee

ti kuan chu

cashpoint

wai bi dui huan chu

bureau de change

jin

gold

yin

silver

shi you

oil

neng yuan

energy

jia ge

price

he tong

contract

shui jin

tax

gu piao

stock

gong zuo

work

zhi yuan

employee

lao ban

employer

gong chang

factory

shang dian

shop

jing guan
police officer

xiao fang yuan
fireman

chu shi
cook

yi sheng
doctor

fei xing yuan
pilot

yuan ding

gardener

mu jiang

carpenter

cai feng

seamstress

fa guan

judge

hua xue jia

chemist

yan yuan

actor

gong jiao che si ji

bus driver

chu zu che si ji

taxi driver

yu fu

fisherman

qing jie nü gong

cleaning lady

wu ding gong

roofer

fu wu yuan

waiter

lie ren

hunter

hua jia

painter

mian bao shi

baker

dian gong

electrician

jian zhu gong ren

builder

gong cheng shi

engineer

tu fu

butcher

shui guan gong

plumber

you di yuan

postman

zhi ye - occupations

shi bing

soldier

jian zhu shi

architect

shou yin yuan

cashier

hua nong

florist

li fa shi

hairdresser

shou piao yuan

conductor

ji xie shi

mechanic

chuan zhang

captain

ya yi

dentist

ke xue jia

scientist

la bi

rabbi

yi ma mu

imam

he shang

monk

mu shi

clergyman

zhi ye - occupations

tie chui
hammer

qian zi
pliers

luo si dao
screwdriver

shou dian tong
torch

ban shou
spanner

wa jue ji

digger

gong ju xiang

toolbox

ti zi

ladder

ju zi

saw

ding zi

nails

zuan ji

drill

xiu

repair

chan zi

shovel

kao!

Damn!

bo ji

dustpan

you qi tong

paint pot

luo si

screws

yue qi
musical instruments

yang sheng qi
loudspeaker

da ji yue qi
drum kit

ji ta
guitar

di yin ti qin
double bass

xiao hao
trumpet

gang qin

piano

xiao ti qin

violin

bei si

bass

ding yin gu

timpani

gu

drums

dian zi qin

keyboard

sa ke si guan

saxophone

chang di

flute

mai ke feng

microphone

ru kou
entrance

lao hu
tiger

long zi
cage

ban ma
zebra

dong wu si liao
animal feed

xiong mao
panda

dong wu

animals

da xiang

elephant

dai shu

kangaroo

xi niu

rhino

da xing xing

gorilla

xiong

bear

luo tuo

camel

tuo niao

ostrich

shi zi

lion

hou zi

monkey

huo lie niao

flamingo

ying wu

parrot

bei ji xiong

polar bear

qi e

penguin

sha yu

shark

kong que

peacock

she

snake

e yu

crocodile

dong wu yuan guan li yuan

zookeeper

hai bao

seal

mei zhou bao

jaguar

ai zhong ma

pony

bao

leopard

he ma

hippo

chang jing lu

giraffe

lao ying

eagle

ye zhu

boar

yu

fish

gui

turtle

hai xiang

walrus

hu li

fox

ling yang

gazelle

gan lan qiu
American football

qi zi xing che
cycling

wang qiu
tennis

lan qiu
basketball

you yong
swimming

quan ji
boxing

bing qiu
ice hockey

ying shi zu qiu

football

yu mao qiu

badminton

tian jing

athletics

shou qiu

handball

hua xue

skiing

ma qiu

polo

tiao
jump

yong bao
hug

xiao
laugh

zou lu
walk

chang
sing

zuo meng
dream

qi dao
pray

qin wen
kiss

shu xie

write

hua

draw

zhan shi

show

tui

push

gei

give

na

take

you
have

zuo
do

dang
be

zhan
stand

pao
run

la
pull

reng
throw

shuai dao
fall

tang
lie

deng dai
wait

xie dai
carry

zuo
sit

chuan yi
get dressed

shui jiao
sleep

xing lai
wake up

kan

look at

ku

cry

fu mo

stroke

shu tou

comb

jiao tan

talk

ming bai

understand

wen

ask

ting

listen

he

drink

chi

eat

qing li

tidy up

ai

love

zuo fan

cook

kai che

drive

fei

fly

hang xing

sail

ji suan

calculate

du

read

xue xi

learn

gong zuo

work

jie hun

marry

feng

sew

shua ya

brush teeth

sha

kill

chou yan

smoke

ji

send

zu mu
grandmother

zu fu
grandfather

fu qin
father

mu qin
mother

ying tong
baby

nü er
daughter

er zi
son

ke ren

guest

a yi

aunt

shu shu

uncle

xiong di

brother

jie mei

sister

jia - family

qian e
forehead

yan jing
eye

jian bang
shoulder

shou zhi
finger

lian
face

xia ba
chin

shou
hand

ru fang
breast

tui
leg

shou bi
arm

ying tong
baby

nan ren
man

nü ren
woman

nü hai
girl

nan hai
boy

tou
head

bei bu

back

du zi

belly

du qi

belly button

jiao zhi

toe

jiao hou gen

heel

gu tou

bone

tun bu

hip

xi gai

knee

shou zhou

elbow

bi zi

nose

pi gu

bottom

pi fu

skin

lian jia

cheek

er duo

ear

zui chun

lip

shen ti - body

zui

mouth

ya chi

tooth

she tou

tongue

nao

brain

xin zang

heart

ji rou

muscle

fei

lung

gan zang

liver

wei

stomach

shen zang

kidneys

xing jiao

sex

bi yun tao

condom

luan zi

ovum

jing zi

semen

huai yun

pregnancy

yue jing

menstruation

yin dao

vagina

yin jing

penis

mei mao

eyebrow

tou fa

hair

bo zi

neck

yi yuan
hospital

jiu hu che
ambulance

lun yi
wheelchair

gu zhe
fracture

yi sheng

doctor

ji zhen shi

emergency room

hu shi

nurse

jin ji qing kuang

emergency

hun mi

unconscious

tong

pain

shou shang

injury

chu xue

bleeding

xin zang bing fa zuo

heart attack

zhong feng

stroke

guo min

allergy

ke sou

cough

fa shao

fever

liu gan

flu

fu xie

diarrhoea

tou tong

headache

ai zheng

cancer

tang niao bing

diabetes

wai ke yi sheng

surgeon

shou shu dao

scalpel

shou shu

operation

CT

CT

X guang

x-ray

chao sheng bo

ultrasound

kou zhao

face mask

ji bing

disease

hou zhen shi

waiting room

guai zhang

crutch

shi gao

plaster

beng dai

bandage

zhu she

injection

ting zhen qi

stethoscope

dan jia

stretcher

ti wen ji

clinical thermometer

chu sheng

birth

chao zhong

overweight

zhu ting qi

hearing aid

xiao du ye

disinfectant

gan ran

infection

bing du

virus

ai zi bing

HIV / AIDS

yao wu

medicine

jie zhong yi miao

vaccination

yao pian

tablets

yao wan

pill

ji jiu dian hua

emergency call

xue ya ji

blood pressure monitor

sheng bing/jian kang

ill / healthy

jiu ming!

Help!

jing bao

alarm

tu ji

assault

gong ji

attack

wei xian

danger

jin ji chu kou

emergency exit

zhao huo la!

Fire!

mie huo qi

fire extinguisher

yi wai

accident

ji jiu xiang

first-aid kit

hu jiu xin hao

SOS

jing cha

police

ou zhou

Europe

bei mei zhou

North America

nan mei zhou

South America

fei zhou

Africa

ya zhou

Asia

ao zhou

Australia

da xi yang

Atlantic

tai ping yang

Pacific

yin du yang

Indian Ocean

nan bing yang

Antarctic Ocean

bei bing yang

Arctic Ocean

bei ji

North Pole

nan ji

South Pole

nan ji zhou

Antarctica

di qiu

Earth

lu di

land

hai

sea

dao

island

guo jia

nation

guo jia

state

zhong mian

clock face

shi zhen

hour hand

fen zhen

minute hand

miao zhen

second hand

xian zai ji dian?

What time is it?

tian

day

shi jian

time

xian zai

now

dian zi biao

digital watch

fen

minute

shi

hour

zhou yi — Monday
zhou er — Tuesday
zhou san — Wednesday
zhou si — Thursday
zhou wu — Friday
zhou liu — Saturday
zhou ri — Sunday

zuo tian

yesterday

jin tian

today

ming tian

tomorrow

zao chen

morning

zhong wu

noon

wan shang

evening

gong zuo ri

business days

zhou mo

weekend

yu
rain

cai hong
rainbow

feng
wind

xue
snow

chun
spring

xia
summer

qiu
autumn

dong
winter

4.APRIL	11°	☀
5.APRIL	4°	🌧
6.APRIL	13°	🌧
7.APRIL	8°	☀
8.APRIL	10°	☀

tian qi yu bao

weather forecast

wen du ji

thermometer

yang guang

sunshine

yun

cloud

wu

fog

chao shi

humidity

shan dian

lightning

da lei

thunder

feng bao

storm

bing bao

hail

ji feng

monsoon

hong shui

flood

bing

ice

yi yue

January

er yue

February

san yue

March

si yue

April

wu yue

May

liu yue

June

qi yue

July

ba yue

August

jiu yue

September

shi yue

October

shi yi yue

November

shi er yue

December

xing zhuang
shapes

yuan xing

circle

zheng fang xing

square

chang fang xing

rectangle

san jiao xing

triangle

qiu ti

sphere

li fang ti

cube

bai

white

huang

yellow

cheng

orange

fen

pink

hong

red

zi

purple

lan

blue

lü

green

zong

brown

hui

grey

hei

black

hen duo/shao xu

a lot / a little

sheng qi/ping jing

angry / calm

mei/chou

beautiful / ugly

shou/wei

beginning / end

da/xiao

big / small

ming/an

bright / dark

xiong di/jie mei

brother / sister

gan jing/ang zang

clean / dirty

wan zheng/que shi

complete / incomplete

bai tian/wan shang

day / night

si/sheng

dead / alive

kuan/zhai

wide / narrow

ke shi yong/fei shi yong

edible / inedible

xie e/shan liang

evil / kind

xing fen/wu liao

excited / bored

pang/shou

fat / thin

di yi/zui hou

first / last

peng you/di ren

friend / enemy

man/kong

full / empty

ying/ruan

hard / soft

zhong/qing

heavy / light

e/ke

hunger / thirst

sheng bing/jian kang

ill / healthy

fei fa/he fa

illegal / legal

cong ming/yu ben

intelligent / stupid

zuo/you

left / right

jin/yuan

near / far

xin/jiu

new / used

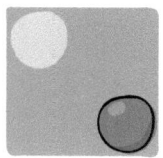

mei you/you xie

nothing / something

lao/you

old / young

kai/guan

on / off

da kai/he shang

open / closed

an jing/chao nao

quiet / loud

fu/qiong

rich / poor

dui/cuo

right / wrong

cu cao/guang hua

rough / smooth

shang xin/gao xing

sad / happy

duan/chang

short / long

man/kuai

slow / fast

shi/gan

wet / dry

wen nuan/liang shuang

warm / cool

zhan zheng/he ping

war / peace

shu zi

numbers

0

ling

zero

1

yi

one

2

er

two

3

san

three

4

si

four

5

wu

five

6

liu

six

7

qi

seven

8

ba

eight

9

jiu

nine

10

shi

ten

11

shi yi

eleven

12

shi er

twelve

13

shi san

thirteen

14

shi si

fourteen

15

shi wu

fifteen

16

shi liu

sixteen

17

shi qi

seventeen

18

shi ba

eighteen

19

shi jiu

nineteen

20

er shi

twenty

100

bai

hundred

1.000

qian

thousand

1.000.000

bai wan

million

ying yu

English

mei shi ying yu

American English

pu tong hua

Chinese Mandarin

yin di yu

Hindi

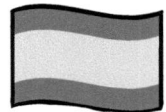

xi ban ya yu

Spanish

fa yu

French

a la bo yu

Arabic

e yu

Russian

pu tao ya yu

Portuguese

feng jia la yu

Bengali

de yu

German

ri yu

Japanese

wo

I

ni

you

ta/ta/ta

he / she / it

wo men

we

ni men

you

ta men

they

shei?

who?

shen me?

what?

zen yang?

how?

na li?

where?

shen me shi hou?

when?

ming zi

name

hou mian

behind

li mian

in

qian mian

in front of

shang fang

over

shang mian

on

xia mian

under

pang bian

beside

zhong jian

between

di dian

place